ONS 2015
ampions
INTERNATIONAL HANDBALL FEDERATION

Pages de gardes : l'équipe de France, championne du Monde 2015 au Qatar. Autour des coachs Claude Onesta et de Didier Dinart, les médaillés d'or , Mahé, Joly, Accambray, Grébille, Porte, Guigou, Sorhaindo, Dumoulin, Anic, Honrubia, Fernandez, N. Karabatic, Omeyer, Narcisse, K. Nyokas, L. Karabatic, Barachet.

LE HANDBALL

RACONTÉ AUX ENFANTS

FRÉDÉRIC BRINDELLE

BENOIT NACCI

PHOTOGRAPHIES DE STÉPHANE PILLAUD

De La Martinière
Jeunesse

Sommaire

Allison Pineau

Maquette Valérie Verroye-Nacci
Conforme à la loi n° 49-956 du 16 juillet 1949
sur les publications destinées à la jeunesse.

ISBN : 978-2-7324-7856-2
Dépôt légal : novembre 2016
www.lamartinierejeunesse.fr
www.lamartinieregroupe.com
Imprimé en France par Pollina Fastline - L2282

Débuter le handball

Premiers pas.

Premiers matchs au mini-hand.

Le mini-hand

Ils déboulent sur les terrains dès l'âge de 5 ans. Garçons ou filles apprennent les bases du handball jusqu'à 12 ans, en suivant les cours du « handball premiers pas » et du « mini-hand ».

On apprend à sauter, lancer, courir, attraper. Il faut déjà bien connaître son corps en prenant ses repères. Le moniteur organise de nombreux petits jeux de passes, de gagne terrain, de tirs, de parcours piégés... Un cours sur la position du corps balle en main, un autre sur le dribble.

La pratique, avant 9 ans, du « handball premiers pas » n'est pas obligatoire pour les clubs. Toutefois la plupart accueillent les futurs champions. Des animateurs les encadrent après avoir reçu le kit de matériel. Rouges, jaunes, verts ou bleus, tout un tas d'outils aux allures d'un parc d'attractions aident le petit handballeur à se préparer pour ses premiers matchs.

Le « mini-hand » marque les grands débuts de l'aventure. Entre 9 et 12 ans les filles et les garçons se retrouvent également certains week-ends pour faire un match. Les cages et les ballons sont adaptés à leur taille. Sur la moitié de terrain, on croise souvent les autres. Les décisions doivent être prises rapidement pour garder le ballon.

Les entraînements sont devenus plus spécifiques. Le coach enseigne le sens tactique pour mettre en place le jeu avec les copains : comment se déplacer, prendre conscience de sa force et de celle des adversaires ? Apprendre à se défendre et à s'imposer.

Plus on commence tôt, plus la progression sera facile pour devenir un champion de handball.

Le terrain et le ballon

Seniors garçons
425 à 475 g
58 à 60 cm
de circonférence

Seniors filles
325 à 375 g
54 à 56 cm
de circonférence

De 8 à 12 ans
290 à 330 g
50 à 52 cm
de circonférence

CHEZ LES JEUNES

Le terrain

Il mesure entre 18 et 25 mètres de longueur et entre 15 et 18 mètres de largeur. Dans le cas de l'implantation de deux terrains en largeur sur un terrain normal, les lignes de but « mini-handball « correspondront aux lignes de touche du grand terrain. Les lignes de touche « mini-handball » seront à 1 mètre minimum de la ligne de but et de la ligne médiane du grand terrain. La surface de but est tracée en demi-cercle à 5 mètres du milieu des buts.

Le tracé

Les lignes de mini-handball mesurent 2 cm de largeur. Il n'y a pas de ligne médiane, pas de ligne de jet franc et pas de ligne de penalty.

Les buts

2,40 m de large ; 1,70 m de haut (dimensions intérieures) avec filet. Ils doivent répondre aux normes de sécurité actuellement en vigueur. S'il y a un mur à proximité, une solution de buts rabattables peut être envisagée.
Nouveauté : lancement du but mini-hand gonflable, la solution rapide pour lancer l'activité mini avec un matériel adapté, durable et rapide à gonfler.

Le ballon

46 à 48 cm de circonférence (mini-hand), soit en cuir synthétique, soit en mousse. Il ne doit pas faire mal et permettre une bonne préhension.

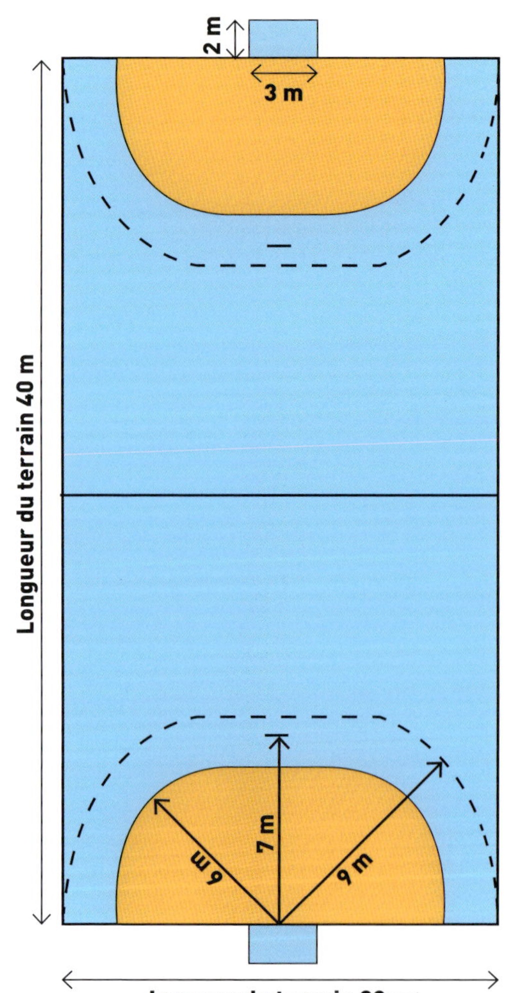

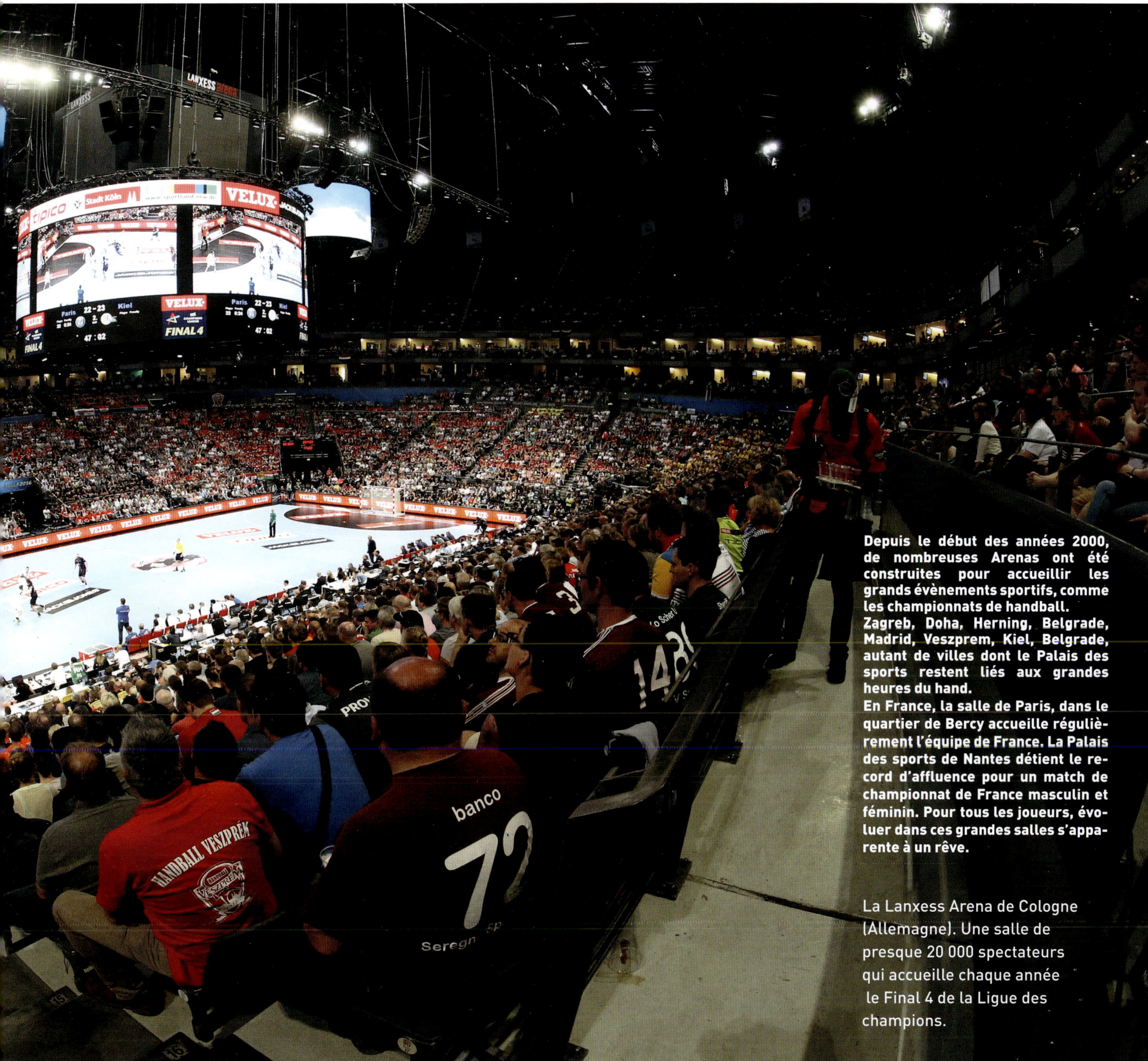

Depuis le début des années 2000, de nombreuses Arenas ont été construites pour accueillir les grands évènements sportifs, comme les championnats de handball. Zagreb, Doha, Herning, Belgrade, Madrid, Veszprem, Kiel, Belgrade, autant de villes dont le Palais des sports restent liés aux grandes heures du hand. En France, la salle de Paris, dans le quartier de Bercy accueille régulièrement l'équipe de France. La Palais des sports de Nantes détient le record d'affluence pour un match de championnat de France masculin et féminin. Pour tous les joueurs, évoluer dans ces grandes salles s'apparente à un rêve.

La Lanxess Arena de Cologne (Allemagne). Une salle de presque 20 000 spectateurs qui accueille chaque année le Final 4 de la Ligue des champions.

L'équipe de France féminine, médaille d'argent aux Jeux Olympiques de Rio 2016 : Glauser, Ayglon-Saurina, Pineau, Landre, Zaadi, Prouvensier, Leynaud, Houette, Dembélé, Horacek, Edwige, Bulleux, Nze Minko, Niombla, Lacrabère et Dancette (absente sur la photo).

L'équipe de France masculine, médaille d'argent aux Jeux Olympiques de Rio 2016 : Narcisse, Porte, N'Guessan, Fabregas, Abalo, Guigou, N. Karabatic, Mahé, Sorhaindo, Di Panda, Omeyer, L. Karabatic, Grébille, O. Nyokas, Gérard

Du collège . . .

La joie d'Alexandra Lacrabère et d'Allison Pineau.
Une première médaille olympique pour l'équipe de France féminine !

Quand vient l'heure d'entrer en cours de sport, le professeur emmène ses élèves, filles et garçons, sur un terrain de handball. Car ce sport est idéal pour développer les 4 capacités physiques de base : courir, sauter, attraper et lancer.

Les élèves peuvent aussi participer au championnat de handball des collèges, tous les mercredis. Une nouvelle relation se crée alors avec le professeur, qui devient leur entraîneur.

Quand Karabatic, Lacrabère, Omeyer, Narcisse, Pineau et les autres reçoivent leurs médailles sur le podium des Jeux olympiques de Rio, ils ont tous une pensée pour ce professeur qui leur a donné le goût de ce si beau sport. La planète entière les applaudit. Ils ont fait de cette activité du mercredi leur métier. Riches et célèbres, les voici heureux, ensemble, comme au temps des copains de classe.

. . . au podium olympique

La panoplie

Bientôt le départ pour un premier match, je prépare mon sac...

La tenue du handballeur est assez simple. Il faut le short, le maillot et les chaussettes aux couleurs de mon équipe.

L'outil le plus important est la paire de chaussures spécifiques, vendue dans les rayons handball du magasin de sport. Elles sont plates, avec des contours arrondis pour ne pas se tordre les chevilles. Le revêtement en caoutchouc, soutenu par des matières synthétiques très élaborées, doit permettre une adhérence parfaite au sol et un solide amortissement pour prévenir les chocs aux pieds. Il est fréquent d'ajouter des semelles personnalisées, prescrites par un podologue.

Le hand est un sport de contacts quelquefois musclés

Il existe de nombreuses protections, adaptées à tous les types de joueurs.

Celui qui aime s'infiltrer dans la défense adverse pourra enfiler sous son short, un autre « short de protection » collant à la peau. Il amortit les chocs au bassin, au coccyx et aux cuisses. Pour éviter les blessures, on peut porter un protège-dents, des chevillères, des manchons renforcés aux coudes ou, pour les plus exposés aux coups, un maillot de corps spécialement rembourré aux coudes, épaules et côtes.

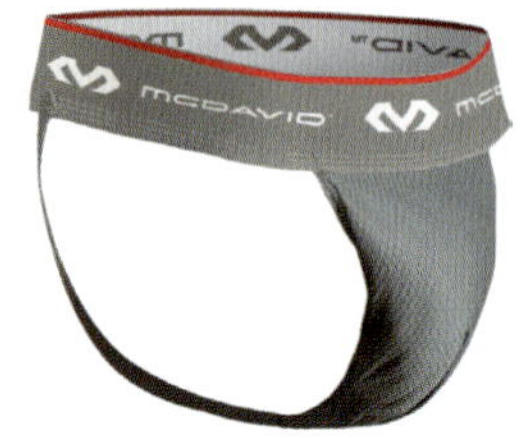

« coquille »

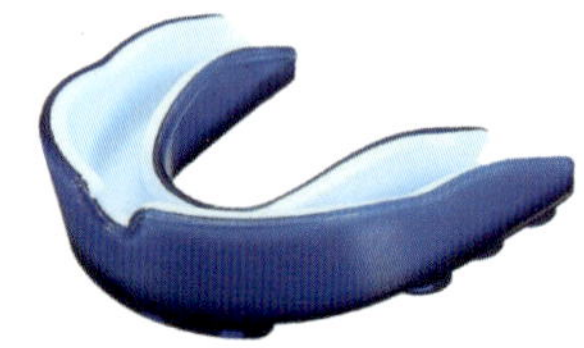

protège dents

Le gardien de but, lui, s'habille différemment. Il se pare d'un pantalon de survêtement épais et d'un maillot à manches longues, pour atténuer les coups du ballon. Le garçon ajoute une protection très importante pour les organes sexuels, appelée « coquille ».

Derniers détails. Je dois penser à apporter des lingettes nettoyantes spéciales, pour enlever la colle de mes mains, après la rencontre. En effet, le joueur se badigeonne les mains avec de la résine collante, tout au long du match, pour mieux tenir le ballon. Le pot est à la disposition de son équipe, à côté du banc de touche.

Enfin, certains aiment porter un « sponge » autour du poignet pour s'essuyer la transpiration en cours de match.

Me voici prêt pour le grand rendez-vous.

lingettes

protection du coude

chaussures

Le sommet du championnat de France féminin, Metz-Fleury, coudières et genouillères pour amortir les chocs.

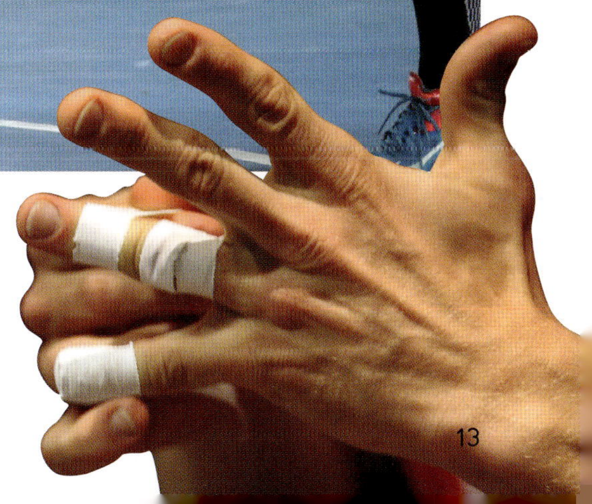

Les années handball

Match des moins de 15 ans en région Île-de-France.

Les stages de vacances autour du champion olympique Joël Abati.

Je deviens handballeur !

Tous les 2 ans, je monte de catégorie et à chaque étape un nouveau challenge se présente à moi.

Les rencontres durent 3 fois 13 minutes chez les moins de 13 ans, puis 2 fois 25 minutes pour les moins de 15... et physiquement on sent la différence ! Le ballon ne cesse de s'agrandir, taille 1, puis 2 et chez les moins de 17 ans, taille 3, comme les adultes.

Je joue tous les weeks-ends, dans le championnat départemental. Si mon équipe brille, j'intègre le niveau régional, avec des matchs plus relevés et des déplacements plus longs. Les parents sont prévenus !

Mon comité départemental détecte tous les ans les joueurs les plus prometteurs. Je peux me retrouver avec ma sélection et disputer le championnat inter-comités. Mais pas d'inquiétude si je n'y participe pas. À l'adolescence, chacun grandit à son rythme. J'aurai tout le temps de pouvoir intégrer le haut niveau au moment voulu, après mes 17 ans.

Le hand c'est aussi les copains, les copines. Le pratiquer c'est partager ses valeurs.

Certains grands champions organisent des stages d'une semaine pendant les vacances. Avec des éducateurs diplômés, ils transmettent leur savoir pour progresser sur le terrain et vivre à la façon d'un handballeur en dehors, dans la joie, l'exigence et la convivialité.

Karabatic, Abati, Fernandez, Darleux, Abalo et d'autres se prêtent au jeu. On en ressort plus performant et amoureux de son sport.

Temps forts des Intercomités, les sélections régionales s'affrontent.

L'attaque

La buteuse norvégienne Nora Mork, championne du monde et d'Europe.

Nous allons nous installer dans le camp adverse pour marquer ce but si précieux. À l'attaque ! Chacun se place de la manière suivante :

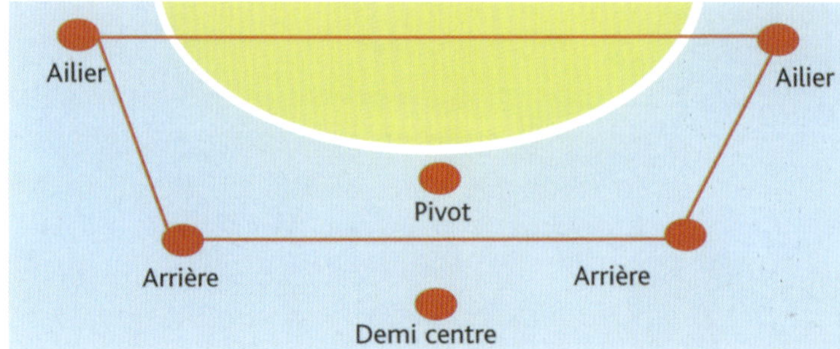

Les gauchers se placent, en général, aux 2 postes situés sur le côté droit du terrain (et les droitiers à gauche). Ils s'ouvrent ainsi un angle plus important pour tirer dans les cages. Chaque joueur s'installe à son poste avant de commencer à attaquer. Il s'agit d'organiser une « attaque placée ».

Pour réussir à faire circuler le ballon et à aller au but, l'équipe doit respecter un principe fondamental : occuper, en permanence 4 postes (les 2 du côté droit et du côté gauche). Ce positionnement en trapèze permet d'écarter la défense adverse et de se créer des espaces pour tirer.

Le pivot et le demi centre peuvent évoluer plus librement. Il reste maintenant à choisir une tactique précise, déjà, susceptible de tromper l'adversaire. Voici quelques exemples de mouvements, travaillés à l'entraînement, pour perturber l'organisation de la défense adverse :

- l'ailier rentre dans l'axe central du terrain pour créer le surnombre ;
- les 2 arrières entament une course simultanée vers le but, en se croisant ;
- 1 des arrières vient se placer à la zone des 6 mètres, en deuxième pivot, pour créer un espace supplémentaire et permettre le tir de son coéquipier ;
- on attire d'abord la défense vers un côté du terrain, en faisant circuler rapidement le ballon, avant de le passer au coéquipier resté seul de l'autre côté. Il s'agit d'un décalage ;
- on passe la balle au pivot après avoir feinté un tir.

Le buteur français William Accambray aux Jeux olympiques de Londres.

La défense

La défense est au cœur de l'évolution du hand moderne. Au haut niveau, la victoire revient en priorité aux équipes qui cultivent l'inventivité et la solidarité en défense.

Défendre, revient à empêcher son adversaire de tirer, à le faire déjouer. Les entraîneurs doivent proposer à leurs joueurs, avant et pendant le match, des schémas tactiques, travaillés à l'entraînement. Ils privilégient un placement, soit autour de la zone (tous les défenseurs se déplacent ensemble) soit sur une plus grande partie de terrain (un ou plusieurs joueurs s'opposent à un adversaire précis pour l'empêcher de s'approcher). Quatre tactiques principales servent de base de travail :

La 0 – 6 : Tous les joueurs se positionnent devant la ligne des 6 mètres. Ils se déplacent latéralement pour fermer l'accès à la zone, en restant côte à côte. L'un d'entre eux peut aussi dissuader l'adversaire de passer le ballon à son coéquipier, côté opposé, en se déplaçant dans la profondeur, comme un tiroir. Cette défense fonctionne avec des joueurs volumineux qui bouchent l'accès au but.

La 3 – 2 – 1 : Cette défense « étagée » vise à empêcher les grands tireurs de loin, de s'approcher de la zone. Il s'agit d'être présent sur la profondeur du terrain. Cela revient à attaquer l'attaque. On laisse en revanche, plus d'espace pour attaquer sur les ailes.

La 1 – 5 (peut aussi se jouer en 2 – 4) : C'est un compromis entre la défense, autour de la zone et sur sa moitié de terrain. Un joueur se positionne devant ses coéquipiers pour perturber la circulation de balle ou la progression des attaquants vers le but. Derrière lui, il faut rester groupé pour bloquer les tirs.

La «homme à homme» tout terrain, ou prise en strict. De 1 à 6 défenseurs chargent un joueur adverse précis, individuellement. Il faut, une grosse débauche d'énergie et courir partout pour empêcher l'attaquant de prendre des décisions réfléchies. Cette défense s'utilise en cas d'urgence, pour récupérer le ballon en fin de match quand il reste peu de temps pour revenir au score (un maximum de défenseurs au marquage). Ou lorsqu'un joueur adverse représente un danger individuel trop important (un seul défenseur au marquage). Les risques existent avec cette défense. En effet, si l'attaquant échappe à son défenseur direct, il s'ouvre le chemin du but.

La défense de Metz immobilise l'Espagnole Elisabeth Chavez.

Jeu rapide

Récapitulons ! Soit mon équipe attaque, soit elle défend. Elle s'organise dans les deux cas grâce à des tactiques précises où chaque joueur occupe une place. Toutefois, en défendant, si on subtilise le ballon à nos adversaires, il vaut mieux le monter rapidetrès vite, sans chercher à placer notre schéma d'attaque. Cela permet de nous retrouver seuls devant le gardien, pour marquer un but plus facilement, avant même que les adversaires n'aient pu se replacer pour défendre. Toutes les grandes équipes de handball travaillent leur jeu de montée rapide de balle.

IMAGINONS DEUX SITUATIONS

1 - La contre-attaque :

Mes adversaires attaquent. Soudain, on arrive à leur prendre la balle, lors d'une passe ou d'un tir. Vite, mon coéquipier part balle en main en dribblant, jusqu'au but. Ou bien il l'envoie à un ailier rapide, qui a compris qu'on allait récupérer la balle et qui s'est placé immédiatement devant le but adverse. Seuls face au gardien, nous marquons.

Manon Houette, buteuse de l'équipe de France.

Montée de balle de Kentin Mahé pour l'équipe de France.

2 - La montée de balle :

Le tireur adverse vient de rater le but. Comme ses copains ne se sont pas encore replacés en défense, nous mettons en place une montée de balle rapide, organisée en 3 vagues. Tous mes coéquipiers ont un rôle précis. Les coureurs rapides se placent devant les buts, chacun d'un côté, pour marquer.

Ils forment la troisième vague. D'autres se répartissent au milieu du terrain pour être des relais. Ils doivent imaginer que la balle est brûlante et qu'elle ne peut se garder en main. Il faut la passer vite. Ils forment la deuxième vague. La première vague est occupée par celui qui a récupéré le ballon.

Passer . . .

En face, 6 adversaires me pressent et me font barrage. Difficile de tromper tout seul leur vigilance. Je ne peux pas garder la balle en main plus de trois secondes, ni faire plus de 3 pas avec (4 appuis). La passe s'impose pour trouver une solution collective et contourner les pièges. Le déplacement de mes partenaires qui viennent m'offrir leur soutien me permet de choisir le moment propice pour l'effectuer dans de bonnes conditions. Bien sûr, tout le monde sait transmettre un ballon, mais la tâche se complique dans le contexte d'un match où les espaces sont réduits. Un joueur doit ajuster sa passe en fonction du déplacement, de la vitesse et de la position du corps de celui qui la reçoit. La circulation du ballon, basée sur une succession rapide de passes, conditionne le jeu d'une équipe, jusqu'à cette fraction de seconde où la brèche s'ouvre dans la défense adverse. C'est alors au buteur de conclure par un tir victorieux.

Le droitier exécute sa passe avec la jambe gauche en avant, ses épaules s'orientent vers le réceptionneur. Le coude se place à hauteur de l'épaule, le bras pouvant alors opérer le mouvement fouetté du poignet vers l'avant. Le ballon doit arriver à bon port, le plus souvent à hauteur de la poitrine.

. . . ou dribbler?

Mes coéquipiers n'arrivent pas toujours à se démarquer et ma passe risque alors d'être interceptée. Que faire? Je pars en dribble! Il faut d'abord que j'interpose mon corps entre l'adversaire et le ballon pour le protéger et le rendre inaccessible à ses mains. Je baisse également mon centre de gravité pour raccourcir le rebond et réduire ainsi les risques d'interception. Les joueurs plus petits sont avantagés dans ce domaine. Le dribble s'utilise notamment pour mener à bien une contre-attaque après l'interception d'une passe adverse. Je me retrouve alors seul, le terrain grand ouvert devant moi jusqu'au but. En avant pour une course folle... Attention! Une fois le dribble entamé je ne peux plus reprendre le ballon en main, m'arrêter, puis repartir en dribble. L'arbitre sifflera alors une faute pour « reprise de dribble » et redonnera le ballon à l'équipe adverse. Dribbler donne un sentiment de maîtrise du ballon et de liberté. Mais en abuser revient à affaiblir le jeu collectif.

Le dribbleur a engagé son corps devant l'adversaire pour mettre la balle hors de portée. Son regard concentré sur le ballon, le corps baissé et porté vers l'avant, il repousse l'adversaire sans faire de faute. Il lui reste à contrôler la fréquence et la hauteur des rebonds qui varient en fonction de sa vitesse.

Nina Kanto lâche le ballon avant de retomber dans la zone. Le but est valable.

La zone

Bienvenue chez le gardien de but, dans la zone des 6 mètres. Ici, personne d'autre ne peut entrer. Le gardien adore cet endroit, car il le protège un peu. La zone maintient les tireurs à distance. Le hand est l'unique sport qui réserve un tel espace de protection.

Les joueurs doivent respecter le fonctionnement de la zone. Personne ne peut y poser le pied. Par exemple, si un défenseur coupe par la zone pour récupérer le ballon ou l'empêcher d'entrer dans les buts, il y aura penalty contre son équipe pour « défense en zone ».

Quand un attaquant s'approche pour tirer, il veille à prendre appui sans toucher avec son pied la ligne qui délimite la zone. En effet, le ballon serait alors redonné à l'adversaire.

Souvent, pour tirer plus près des buts, le joueur saute au-dessus de la zone. Il doit absolument lancer son ballon avant d'avoir reposé le pied par terre, car le but ne serait alors pas validé pour « appui zone ».

L'ailier de Goppingen a bien lâché le ballon avant de reposer le pied dans la zone. Le but est valable.

Les tirs

Nous voici, au moment crucial. Je m'apprête à tirer. Toute mon équipe a travaillé pour que je marque. Je m'assure qu'aucun autre coéquipier ne se trouve en meilleure position pour inscrire le but. Cette fois, c'est bon : j'y vais.

Toutes les parties de mon corps sont sollicitées pour effectuer un tir. D'abord, je choisis le meilleur endroit des cages où viser pour battre le gardien. J'oriente mon torse pour aider mes bras à agir. Je m'équilibre, pousse avec mes jambes et mes pieds. Le coude se positionne à hauteur de l'épaule, je place mon bras derrière la tête avant de le ramener vite vers l'avant. Mon avant-bras se comporte comme une catapulte au moment d'envoyer le ballon. Le poignet apporte la dernière petite touche pour la direction et la puissance.

Le tir en suspension

Je prends de l'élan pour sauter balle en main. Je tire avant de retomber. Je peux ainsi me rapprocher des buts. Il faut trouver l'équilibre dans les airs.

les tirs suite

1 - Le tir à la hanche. En appui sur le sol, je balance mon bras à hauteur de ma hanche pour lancer le ballon. Je trouve de la puissance avec le balancier du bras et j'amorce un violent coup de poignet. La balle rentre dans le haut des buts. Je m'appuie sur le défenseur pour m'équilibrer. Il masque son gardien qui ne sait pas ce que je prépare. Ce tir atypique surprend toujours, sa réalisation est compliquée.

2 - Le tir en appui. Les deux pieds collés au sol, dans le mouvement de la course, j'arme mon tir. On vise mieux, bien calé sur ses jambes.

1

2

3

3 - Le lob. Le gardien s'avance. Je lance la balle en l'air, pas trop fort, hors de sa portée. Elle retombe derrière lui, dans les cages. Le lob ne peut se réussir que si le gardien commet l'erreur de trop s'avancer.

4

4 - Le tir en désaxé. Il s'agit de contourner le défenseur posté entre les buts et moi. Grâce à un mouvement latéral du bassin, je l'évite en me penchant. Pratique, ce geste modifie cependant toute la coordination de mes membres. Difficile de bien tirer dans ce cas.

La roucoulette

Pas simple de s'ouvrir le chemin du but quand le gardien et les défenseurs vous embarquent vers l'extérieur du terrain, par exemple sur l'aile gauche. De toute façon, il faut tirer. Comment contourner l'imposant et explosif gardien ? La solu- tion logique serait de lancer le ballon vers la droite, hors de sa portée, et qu'il reparte vers la gauche, après le rebond, dans les buts ! Un vrai tour de magie... Inspirons-nous du tennisman ! Il arrive à mettre de l'effet dans sa balle avec un mouvement de raquette. Après son rebond, la balle change de trajectoire.

Je dois utiliser ce principe pour envoyer mon ballon dans les buts ! La feinte paraît bien plus compliquée à réussir avec la main et un ballon imposant. Pourtant, les joueurs géniaux y parviennent. Ils feintent un tir traditionnel avant d'effectuer au dernier moment un mouvement rapide avec le poignet. Le ballon tourne sur lui-même et change de direction quand il rebondit. Du grand spectacle, cette roucoulette !

Bertrand Gille place son bras et son poignet pour réaliser une roucoulette.

6
RMC

Le chabala

La guerre des nerfs a commencé :

« C'est sûr, la prochaine fois, il ne me surprendra plus, ce tireur. Je ne dois pas avoir peur ! Je suis un vrai gardien de but.

– Tu as raison, gardien, mais ça pourrait te faire mal si je te l'envoie en plein visage, non ?

– Tu ne vas quand même pas oser faire ça ?

– Devine ?

– Dès que tu viseras ma tête, je ne rabaisserai plus les bras pour me protéger, comme sur le but précédent. Promis ! Je ne veux plus passer pour un idiot. »

Voici l'une des plus spectaculaires astuces utilisées par les tireurs pour tromper le gardien de but : le chabala. L'objectif consiste à faire peur au gardien en faisant semblant de viser sa tête. Automatiquement, il se protège en rabaissant les bras, qu'il maintient normalement bien haut pour garder le haut de ses cages. C'est à ce moment précis que le petit jeu commence...

Le joueur tire le plus fort possible, mais plie son poignet vers l'arrière juste au moment de lâcher le ballon. La trajectoire change grâce à ce cassé de poignet. En conséquence, le ballon rentre doucement dans les buts, au-dessus du gardien.

« C'est incroyable, je me suis encore affaissé et le ballon est rentré.

– Hé, gardien ! Tu ne croyais quand même pas que j'allais te viser la tête, je suis fair-play. Je suis le roi du chabala !

– Ça m'énerve, je me suis fait encore piéger... »

Le gardien baisse la tête, pensant que le ballon va le toucher. Fahrudin Melic «casse» son poignet et le lobbe. Il a réussi son Chabala.

Le kung-fu

Quelle expression surprenante. Il ne s'agit pas de combattre sur le terrain, bien sûr, mais de réaliser à deux une action très spectaculaire pour marquer.

Je dois d'abord informer mon partenaire d'un simple regard. Ca y est, il a compris. Nous allons faire un kung-fu. Je m'élève au-dessus de la zone, comme pour tirer en suspension. Au lieu de tirer, je lance la balle en l'air vers mon copain, qui, pendant ce temps, s'est élancé lui aussi au-dessus de la zone. Il attrape le ballon en plein vol et tire, avant de reposer les pieds au sol.

Personne n'a pu nous empêcher de nous passer le ballon. Le problème, c'est qu'il a fallu nous coordonner pour arriver à tout faire, en quelques secondes. On ne reste pas longtemps en l'air quand on saute... À moins d'être un oiseau.

Amusez-vous à le tenter avec vos copains... Pas simple, non ?

Michaël Guigou envoie le ballon très au-dessus de la zone ...

... Daniel Narcisse le récupère dans les airs...

... et marque le plus beau but des JO 2008. Quel kung-fu !

B. GILLE
6
Beijing 2008
Beijing 2008
Beijing 200

Fautes et sanctions

Deux Françaises pour bloquer une Espagnole. Un jet franc est sifflé.

Pour qu'un match se déroule correctement, deux arbitres font respecter les règles du jeu en appliquant une série de sanctions plus ou moins fortes destinées aux joueurs indisciplinés.

Le défenseur ne peut empêcher un joueur de poursuivre son action en utilisant les bras et les jambes. Dans ce cas, les arbitres redonnent le ballon à l'équipe victime, pour jouer un jet franc, à l'endroit de la faute ou sur la ligne en pointillés des 9 mètres à l'approche des buts.

Un attaquant ne peut pousser le défenseur adverse quand celui-ci a les deux pieds posés au sol. Un passage en force est alors sifflé, le ballon revient à l'équipe qui défendait.

Si le geste d'un joueur s'avère dangereux pour un adversaire, l'arbitre peut le sanctionner de 4 façons :

- **le carton jaune** s'apparente à un simple rappel à l'ordre pour une première irrégularité. En cas de récidive, ou quelle que soit sa faute si son équipe a déjà écopé de 3 cartons jaunes, le joueur est exclu temporairement ;
- **l'exclusion** pour 2 minutes entraîne de graves conséquences. Elle demeure l'outil principal de l'arbitre pour éviter les risques de blessures. Jusqu'à la fin de cette sanction, le coupable laisse son équipe évoluer à un joueur de moins. Attention, au bout de sa troisième exclusion, un joueur est disqualifié ;
- **la disqualification** est matérialisée par un carton rouge, distribué par l'arbitre. Le disqualifié quitte définitivement le terrain. Il ne peut être remplacé que deux minutes plus tard. Le carton rouge peut être donné pour une première faute, grave en l'occurrence ;
- **l'expulsion**.Si une faute présente un risque de blessure pour sa victime, ou relève d'un comportement irrespectueux, son auteur peut être directement disqualifié en recevant un carton bleu, même s'il n'a pas été exclu ou averti. Cette sanction est la même que pour un carton rouge mais implique une suspension du joueur pour le ou les matches suivant.

Alors respectez les règles et les deux arbitres. Votre match n'en sera que plus passionnant.

Le défenseur serbe touche au visage le Français Luka Karabatic. Il est exclu pour 2 minutes.

envia
FDJ

Le penalty

Michaël Guigou défie du regard le gardien de but.

L'entraîneur me désigne pour tirer le penalty. Le gardien, seul dans ses buts, m'attend. Tous mes copains comptent sur moi. Je me place derrière la ligne, tracée à 7 mètres des cages. Je réfléchis avant de tirer :

Moi : « Je sais que tu sais que je sais... Mais je vais le faire quand même. »

Le gardien : « Il a déjà tiré en force, il va essayer un chabala. »

Quel jeu d'influence, ce face-à-face entre le tireur de penalty et le gardien ! Ils s'en disent des choses dans leur tête. L'un dispose d'une multitude de feintes travaillées à l'entraînement, l'autre doit adapter sa parade en fonction de la feinte choisie. Tout se décide en une poignée de secondes.

Toute la pression se porte sur moi ! Finalement, le gardien paraît bien désarmé pour arrêter le ballon. Il n'a rien à perdre. S'il l'arrête, il en sort grandi. Si j'échoue, on pensera que je ne suis pas assez compétent.

Le penalty, ou jet de 7 mètres, s'obtient pour deux grandes raisons :

• un joueur attaque vers le but, un défenseur le gêne en prenant appui en zone ;

• un joueur tire à proximité de la zone avec une forte chance de marquer. Un défenseur commet une faute pour l'en empêcher.

Allison Pineau met toute sa puissance pour battre le gardien.

Champions!

Les équipes de France de handball collectionnent les titres et les médailles dans les grandes compétitions internationales. Aucun des autres sports collectifs n'affiche un aussi gros palmarès dans notre pays. Seul le handball a réussi à placer, une même année, l'équipe de France masculine et féminine sur le podium olympique, à Rio en 2016.

Seules les handballeuses ont apporté un titre mondial au sport collectif féminin français.

La France est la nation la plus titrée de l'histoire du hand chez les garçons.

Les victoires de l'équipe nationale comblent quasiment chaque année les fans de sport qui attendent impatiemment la fête qui accompagne le retour des champions au pays. Les handballeurs restent humbles, plaisantent, offrent un verre à ceux qui les entourent, ils se déguisent et n'hésitent pas à taquiner les hommes politiques.

Toutes les excentricités leur plaisent : un jour, ils démontent un plateau de télévision en direct, un autre, ils transforment leur avion en boîte de nuit, en plein vol.

On joue au hand sérieusement, sans se prendre au sérieux !

Les Françaises savourent leur première médaille olympique, à Rio en 2016

L'hommage des champions olympiques français de 2008 à leur glorieux ancien coéquipier, Jackson Richardson.

Les Barjots

Voici l'histoire d'une sacrée bande de garçons, talentueux et étranges. Après des heures de souffrances à l'entraînement et de combats en compétition, ils qualifient pour la première fois le handball français aux Jeux olympiques en 1992. 5 ans plus tôt, les meilleures nations les humiliaient.

Drôles, excentriques, ils ne craignent rien ni personne. Sur le terrain, portés par leur solidarité et leur hargne, ils terrassent les favoris et entrent dans l'histoire en gagnant la médaille de bronze. Le monde entier s'amuse devant leurs scènes de joie. Les cheveux rasés ou teints, ils dansent et bousculent tout sur leur passage.

L'année suivante, Gardent, Stoecklin, Volle, Richardson et les autres gagnent la médaille d'argent aux championnats du monde. Une journaliste les surnomment les « Barjots ». Un nom que la France entière reprend.

1995 marque l'apothéose. Les Lathoud, Quintin, Anquetil, Martini et compagnie deviennent champions du monde. Jackson Richardson, le génial Réunionnais, est élu meilleur joueur du monde.

Dans l'avion les ramenant d'Islande, la fête bat son plein. Dans les rues de Paris, ils arrêtent les voitures, subtilisent les tenues des policiers pour faire la circulation. Leur arrivée délirante à l'Élysée, pour recevoir les félicitations du président de la République, monopolise tous les regards.

Aujourd'hui, les Barjots se retrouvent pour jouer des matchs de gala, histoire de rire avec les passionnés de hand. Beaucoup entraînent de grandes équipes ou commentent les matchs à la télévision. Grâce à eux, le handball français est associé à la fête, la joie de vivre et la victoire...

Daniel Costantini

En 1985, ce Marseillais, très charismatique, débarque à Paris pour prendre la direction de l'équipe de France dirigée jusqu'alors par des Parisiens. Il se bat pour que la Fédération française lui permette de réaliser son projet : propulser la France au sommet du handball mondial. Grand manipulateur, parfois sévère mais séducteur, il pousse dans ses derniers retranchements cette nouvelle génération de joueurs qui en deviendront « barjots ». En 10 ans la France passe de la troisième division mondiale au titre de champion du monde. Daniel Costantini achèvera sa carrière en 2001, ovationné par tout le pays, alors qu'il vient de remporter un deuxième titre mondial au palais des sports de Paris-Bercy.

Les Bleus champions du monde, dans leur salle de Bercy à Paris en 2001. Le capitaine Jackson Richardson brandit le trophée.

Les Costauds

En 2001, la France organise le championnat du monde et espère un deuxième titre. Richardson, devenu capitaine, Cazal, Anquetil, Martini et Gaudin, tous déjà sacrés en 1995, encadrent de jeunes joueurs très performants. Ces nouveaux internationaux, moins excentriques, évoluent dans les meilleurs clubs français et étrangers. Ils restent cependant attachés aux valeurs de joie de vivre et de combat transmises par les « barjots ».

Il faut donc trouver un nom à ces nouveaux joueurs... Ce sera les « costauds ». Ils gagnent en effet tous les matchs du Mondial et accèdent à la finale, face la plus belle équipe au monde, la Suède. Après les prolongations, au bout du suspens, les Bleus offrent un deuxième titre mondial à la France... Vraiment costauds !

Premier titre de champion d'Europe pour la France gagné en 2006, à Zurich. Le trophée est porté par le capitaine, Olivier Girault.

Après deux nouvelles médailles de bronze, gagnées lors des championnats du monde de 2003 et 2005, les « costauds » réussissent enfin à remporter le championnat d'Europe, en 2006. Une première historique pour l'équipe de France !

À cette occasion, Fernandez, Narcisse, Girault, Omeyer et les autres, réalisent un autre doublé : champions du monde et d'Europe ! Bertrand Gille est élu meilleur joueur du monde.

La France écrase tous ses matchs. Trois petits génies ont pris la place des derniers « barjots » partis en retraite : Guigou, Abalo et Karabatic.

Les Experts

Tension entre les deux meilleurs joueurs du monde, Ivano Balic et Nikola Karabatic

Nos garçons comptabilisent 8 médailles dans les championnats mondiaux et européens à l'approche de 2008.

Les « costauds », champions d'Europe et du monde, constatent cependant qu'il manque le plus beau trophée à leur palmarès, la médaille d'or olympique. Ils décident de travailler durement pour atteindre cet objectif pour lequel ils se rendent à Pékin, en ce mois d'août 2008.

Ils ont analysé leurs précédents échecs et se présentent en favoris. Ils se baptisent symboliquement, pour l'occasion, les « experts ». Le capitaine Olivier Girault et ses 14 autres coéquipiers atteignent la perfection.

Le rêve se réalise. Médaille d'or !

La France tombe amoureuse de son équipe nationale de handball, championne de tous les titres possibles.

8 des 15 « experts » deviennent à titre personnel champions d'Europe, du monde et olympiques : Girault, les frères Guillaume et Bertrand Gille, Abati, Dinart, Fernandez, Narcisse et Omeyer. Un sportif ne peut espérer plus belle réussite.

Karabatic est élu meilleur joueur du monde cette même année, admiré par tous les handballeurs de la planète.

Les experts conduisent une véritable machine à gagner. Ils élaborent des tactiques de jeu, des comportements face à l'événement et des techniques de préparation infaillibles, transmis aux nouveaux, qui remplacent petit à petit les anciens. Les Luka Karabatic, Valentin Porte, Samuel Honrubia, Cédric Sorhaindo, remportent ainsi des titres avec les experts, dès leurs débuts sur la scène internationale. Rien ne les arrête. Une troisième couronne européenne en 2014, un cinquième sacre mondial en 2015, 2 nouvelles médailles olympiques (or en 2012, argent en 2016). L'ancien joueur Didier Dinart est devenu l'entraîneur à côté de Claude Onesta. Le nouveau capitaine Thierry Omeyer compte à la fin 2016, 4 titres mondiaux, 3 européens et 2 olympiques.

La France championne du monde 2009 sur le terrain de leur plus grand rival, la Croatie.

Claude Onesta

En 2001 Claude Onesta prend la tête d'une équipe de France championne du monde en titre ! Stars du hand, les joueurs accueillent sans enthousiasme ce Toulousain au faible palmarès. Difficile de succéder à Daniel Costantini...

Patient et sûr de lui, il s'impose à la tête de ce groupe, jugé comme le plus performant au monde. Il remporte trois Championnats d'Europe 2 titres olympiques et 3 couronnes mondiales. Il est le sélectionneur national le plus titré de l'histoire du hand. De nombreux entraîneurs et chefs d'entreprise le sollicitent pour transmettre sa science du management. Il restera, après son départ en 2017, l'homme qui a su faire réussir collectivement les plus grandes individualités.

Les filles

Un vrai miracle ! L'équipe de France féminine peine depuis toujours à jouer un rôle au niveau international. Pourtant, en décembre 1999, elle participe au championnat du monde en Norvège avec son nouvel entraîneur, Olivier Krumbholz, déterminé à tout changer pour que les filles rejoignent les garçons au sommet.

Il se produit l'une des plus belles surprises que le sport français a connues. Les Bleues éliminent en quart de finale les championnes de tous les titres, les Danoises. Déchaînées, elles accèdent à la finale, ne s'inclinant qu'après une double prolongation face à la Norvège. Des millions de téléspectateurs français tombent sous le charme. Une performance synonyme de première qualification de leur histoire pour les Jeux olympiques.

En 2003, elles confirment. Combatives et inventives, elles deviennent championnes du monde en Croatie. La finale atteint les sommets du suspens. Menées de 7 buts, à 10 minutes de la fin, par la Hongrie, elles s'accrochent et égalisent en marquant un penalty à la dernière seconde par Leila Lejeune. Elles triomphent en prolongation. Stéphanie Cano, la capitaine, lève le trophée mondial. La gardienne Valérie Nicolas est élue meilleure joueuse. Les glorieuses anciennes, Wendling, Pecqueux Rolland, Myaro, laissent progressivement leur place à une génération inspirée par ce nouveau handball féminin devenu ambitieux.

Avec les Dembélé, Leynaud, Pineau et Lacrabère, les Bleues gagnent 4 nouvelles médailles, 2 d'argent en championnat du monde et 2 de bronze à l'Euro.

Pourtant le même regret hante toutes ces filles. Malgré 4 participations successives aux Jeux olympiques, elles échouent toujours au pied du podium, à l'issue d'un suspense insupportable. Ces échecs coûtent, après les Jeux de Londres 2012, sa place à l'entraîneur par qui l'histoire a pu s'écrire Olivier Krumbholz. Mais son successeur ne parvient pas à s'imposer. À 6 mois des Jeux de Rio 2016, l'équipe est en crise. La Fédération française de handball rappelle au secours Olivier Krumbholz pour une dernière chance. Les filles défient tous les pronostics, atteignent la finale et pleurent de bonheur avec leur médaille d'argent autour du cou dans les bras de leur entraîneur.

les 16 championnes du monde : Cano, Saïd-Mohamed, Dudziak, Pecqueux-Rolland,Borg Korfanty, Wendling, Ludwig, Vogein, Delerce, Tervel, Cendier, Nicolas, Herbrecht, Lejeune, Myaro, Szabo

Olivier Krumbholz

Amandine Leynaud, gardienne de l'équipe de France vice championne olympique 2016.

Le gardien de but

À force de les écouter, je me demande s'il ne faut pas être un peu inconscient pour choisir ce poste. Catapulté par des joueurs surpuissants, un ballon peut facilement vous briser un doigt, vous faire perdre connaissance ou vous couper la respiration. 95, 98, 100 kilomètres à l'heure, comment sortir indemne à la réception de ce missile ? Heureusement, mes défenseurs arrivent souvent à s'interposer ou à gêner les tireurs, limitant le danger. Parfois aussi, je me retrouve seul face à ces molosses qui arrivent en pleine course et en extension à moins de 6 mètres de moi. Mes chances de sortir vainqueur de ces duels paraissent alors dérisoires, et c'est précisément ce qui m'excite. À chacun de mes arrêts je deviens un héros, un sauveur pour mes partenaires, un bourreau pour l'attaquant qui se voyait déjà buteur. Je m'aime, je hurle. Mes jaillissements, grands écarts en plein vol, mes relances rapides à longue portée qui donnent vie aux contre-attaques sont mes armes favorites. Seul dans ma zone, je vois et je réagis plus vite que les autres. Je n'ai peur de rien.

Thierry Omeyer, considéré comme le meilleur gardien de l'histoire du handball.

Les ailiers

Siraba Dembélé, aillière gauche deux fois vice-championne du monde et médaillée d'argent olympique avec l'équipe de France.

Quand vais-je enfin recevoir le ballon, tout là-bas, le long de la ligne de touche ? Je dois me placer ici pour écarter la défense adverse. Du coup, comme je suis loin de mes coéquipiers, ils hésitent à me faire une passe.

Parfois, je vais vite dans l'axe central des buts, où trônent les défenseurs plus costauds que moi. Ils m'en font voir de toutes les couleurs. Mais ça aide bien mes arrières, je leur crée ainsi des espaces pour marquer.

Pour tirer depuis mon aile, il faut que l'arrière avec qui je partage mon côté pense à me faire une passe ! Ça y est, me voici lancé dans un grand numéro d'équilibriste, balle en main, au-dessus de la zone !

Comment marquer ? Je tire depuis le côté, le gardien me ferme l'angle et le défenseur me déséquilibre ! Je dois forcément réaliser un tir génial : roucoulette, chabala, lob, feinte du regard et du tir... Un vrai one-man-show.

Il me reste une autre phase de jeu, la contre-attaque. Ma défense intercepte le ballon. Vite ! c'est à moi de filer en direction des buts. J'arrive seul face au gardien... Je me régale.

J'aime mon rôle d'ailier. Si je touche moins souvent la balle que les autres, quand j'entre en scène, c'est pour faire le spectacle !

Luc Abalo, le magicien gaucher, ailier droit de l'équipe de France.

Le pivot

La Norvégienne Heidi Loke, pivot championne du monde, d'Europe et olympique avec la Norvège.

Je vais vous révéler mes secrets. Un pivot de hand se comporte un peu comme un rugbyman dans une mêlée : il pousse, se chamaille et doit être malin.

Contrairement aux autres attaquants, je me frotte directement aux défenseurs, dos au but, en observant mes copains qui se passent le ballon. Je travaille pour eux en faisant écran avec mon corps ; on appelle cela faire le bloc. L'objectif est d'ouvrir des espaces pour que mes coéquipiers marquent. Pris en sandwich entre les deux costauds de la défense, je dois mener une rude bataille, mais je me fais respecter.

Mon rôle varie si j'affronte des défenseurs qui avancent sur mes coéquipiers. Je reste à hauteur de la zone, en me faisant oublier dans leur dos. Esseulé, je pourrai plus facilement recevoir la balle. Je dois savoir l'attraper dans des positions très périlleuses, d'une seule main parfois. Je récep- tionne, me retourne très vite et tire à la ligne des 6 mètres. Si les automatismes se créent avec mes partenaires, ces derniers me donneront souvent la balle.

Au prochain match, je repartirai au combat.

Le Français Cédric Sorhaindo, pivot champion du monde, d'Europe et olympique avec la France.

33
FDJ

L'arrière

Eduarda Amorim, championne du monde avec le Brésil en 2013.

Dans tous les sports d'équipe, celui qui marque est considéré comme le joueur vedette. Au hand, ce rôle revient le plus souvent à l'arrière, droit ou gauche. Ce poste est très convoité. Voilà pourquoi je l'ai choisi. Nous touchons très souvent le ballon sur la ligne arrière, à côté du meneur de jeu. Toute l'équipe travaille pour nous envoyer au tir. Comme je suis gaucher, j'évolue à droite. Mon partenaire arrière - droitier, lui - se place à gauche. Ce positionnement favorise l'accès au but, car il offre un plus grand angle pour viser.

Les arrières sont grands et musclés. Pour cela, je travaille ma puissance, ma détente, ma vitesse. Il faut pouvoir tirer de la ligne des 9 mètres et sauter au-dessus des défenseurs.

Je peux aussi me rapprocher de la zone des 6 mètres, en prenant l'intervalle entre 2 joueurs... Les coups pleuvent, mais ça vaut la peine de m'y risquer. Je suis plus près pour marquer des buts! Chaque arrière a une préférence, suivant ses caractéristiques. Les uns tirent de loin grâce à leur grande taille et la puissance de leur bras. Ils évitent les charges des défenseurs.

Les autres cherchent plus à défier directement l'adversaire, en face-à-face, pour se rapprocher. Moins grands, ils compensent grâce à leur vitesse et leur souplesse.

Quel bonheur de jouer arrière! Je marque beaucoup de buts. Mais attention, on devient vite individualiste à recevoir tant d'honneurs. Quoi qu'il arrive, je ne dois pas oublier de passer le ballon à mes coéquipiers s'ils sont mieux placés. La force d'une équipe dépend de son jeu collectif.

Mikkel Hansen, champion olympique avec le Danemark en 2016.

7
vip
13
envia
7

Le demi centre

Stine Oftedal, la géniale demi centre norvégienne.

Quelle fierté ! J'ai longuement parlé avec le coach. Je le relaierai sur le terrain pour diriger mes coéquipiers. J'annoncerai les tactiques à jouer, les autres me suivront. Me voilà promu demi centre ou meneur de jeu. Ma tâche se décompose en deux grandes parties :

- premièrement, j'organise le jeu, en demandant à chacun de se positionner. Je connais parfaitement nos points faibles et nos qualités, et je devine ceux des adversaires ;
- deuxièmement, je dois marquer depuis l'axe central. Au même titre que les deux autres arrières, je suis un buteur. D'ailleurs, on m'appelle aussi arrière central.

Le demi centre est généralement le joueur le plus complet de l'équipe.

Gro Hammerseng et Nikola Karabatic, les deux meilleurs joueurs du monde, jouent à ce poste. Ils arrivent à faire basculer un match en faveur de leur équipe, à n'importe quel moment. Quand ils s'approchent de la zone, les défenseurs ne savent jamais s'ils vont tirer ou passer. Dans les deux cas, l'action se termine par un but. Les demis centre sont les chefs d'orchestre du handball.

Nikola Karabatic, le demi centre star du handball mondial.

Le coach

L'entraîneur d'une équipe de handball intervient directement dans le déroulement d'un match. Il dirige au total 14 joueurs. 7 évoluent sur le terrain, les 7 autres, assis sur le banc de touche, se tiennent prêts à entrer en jeu. Ils savent que leur entraîneur peut les changer avec un autre, autant de fois qu'il le souhaite et à n'importe quel moment.

Cela dépend de la forme des uns et des autres, de leurs capacités à attaquer ou défendre, de leur aptitude à résoudre les problèmes posés par l'adversaire. Constamment, l'entraîneur réfléchit à présenter le meilleur « 7 » possible sur le terrain.

Il peut même sortir son gardien du terrain pour faire entrer à sa place un joueur supplémentaire en attaque, souvent en deuxième pivot. Les chances de marquer augmentent. Le risque de prendre un but aussi. Si l'adversaire récupère le ballon, en se dépêchant il peut marquer dans le but vide de tous les endroits du terrain. Il lui faut viser juste et ne pas trembler... Pas simple pour autant !

Le gardien ne peut revenir dans ses buts que si l'un des attaquants a pu rejoindre le banc de touche à toute vitesse pour le changement. Aucun joueur de champ ne pourra aller dans la zone pour empêcher le ballon de rentrer. Sauf si le joueur supplémentaire entré à la place du gardien porte une chasuble de la même couleur. Problème! Le gardien ne peut revenir qu'à la place de ce joueur à la chasuble qui peut très bien se trouver à l'autre bout du banc au moment de la perte de balle... Le coach doit estimer le degré du risque.

Parfois, ses protégés n'arrivent plus à trouver la parade pour contrer l'adversaire. Il peut, alors, demander trois fois dans le match un temps mort (réparti sur les 2 mi-temps). Il présente un carton vert à la table de marque pour que l'arbitre arrête le jeu. Il réunit ses joueurs autour de lui pendant une minute et leur donne les grandes lignes de la nouvelle tactique à suivre. Le temps mort s'apparente à une espèce de joker, qu'il faut utiliser à un moment crucial.

Le coach possède ainsi quelques armes pour influencer le match. Son rôle stratégique est considérable.

Patrice Canayer, l'entraîneur de club français le plus titré de l'histoire avec Montpellier.

Didier Dinart, ancien meilleur défenseur du monde, devenu entraîneur de l'équipe de France.

20:05
0
23
22
GRUNENWALD
Métropole
transdev
GSF

Top chrono

Il faut toujours conserver un œil sur le chronomètre ! Un match se déroule en 2 mi-temps de 30 minutes, très précisément. L'arbitre siffle le coup d'envoi, le décompte est lancé. Lorsque le panneau d'affichage de la salle indiquera 30 minutes jouées en seconde mi-temps, la sonnerie retentira pour annoncer la fin immédiate de la partie. Trop tard pour revenir au score !

De temps en temps, les arbitres interrompent le décompte du chronomètre si le ballon sort du terrain, si un joueur se blesse, s'il faut essuyer le sol rendu glissant ou régler un problème. Une fois le ballon remis en jeu, le chronomètre repart. Les 30 minutes de chaque mi-temps sont ainsi exclusivement consacrées aux phases de jeu.

Certains matchs dits « à élimination directe » doivent se poursuivre en cas d'égalité. Il faut absolument un vainqueur. On joue alors 1 prolongation (ou 2 si besoin) de 2 fois 5 minutes. Si les équipes n'arrivent toujours pas à se départager, on procède à une séance de jet de 7 mètres (penalty).

En attaque, les joueurs doivent se placer en situation de tir assez vite pour ne pas ralentir le jeu. Ils n'ont pas un temps précis pour œuvrer. L'arbitre juge, en son âme et conscience, si une équipe n'attaque pas suffisamment. Si les joueurs temporisent de trop, il lève le bras. À ce moment si l'équipe fait reculer le ballon ou ne tire pas au but après 6 passes, le ballon revient aux adversaires. L'arbitre siffle alors un refus de jeu.

Les officiels, assis à la table de marque, gèrent toutes les opérations de décompte du chronomètre. Ils calculent sans cesse. Ils surveillent l'arrêt du chrono et le décompte du temps des exclusions pour 2 minutes.

L'équipe de France remporte son deuxième titre olympique à Londres en 2012. De gauche à droite : Fernandez, Dinart, Barachet, G.Gille, B.Gille, Joly, Narcisse

Honrubia, Karaboué, N.Karabatic, Omeyer, Accambray, Abalo, Sorhaindo, Guigou.

Vive le handball!

Dans la cour de récréation, certains camarades semblent surpris quand je leur parle de mes matchs de hand. « Tu ne fais pas du foot ou du rugby ? » me demandent t'ils.

En effet, ceux qui ne suivent pas régulièrement l'actualité sportive n'entendent pratiquement jamais parler de handball.

Pourtant, nos champions possèdent un palmarès exceptionnel. Ils ont tout gagné depuis 20 ans. Champions d'Europe, du monde, olympiques! Et puis c'est super car les filles et les garçons nous ramènent des médailles. On dit qu'ils sont les plus sympas des sportifs. Les joueurs français fournissent beaucoup d'efforts pour faire connaître et aimer leur beau sport. D'ailleurs, tu peux les aider.

Après avoir lu ce livre, comme eux, partage ta passion du hand avec tes copines, tes copains et ta famille. Alors, prêt pour de belles aventures sportives ?

À gauche. En 2014, Jérôme Fernandez, le capitaine tricolore, soulève la 3e coupe du championnat d'Europe de l'histoire du hand français.

Au centre. 4e titre de champion du monde, en 2011. La France bat le record de victoires dans cette épreuve. Barachet, N.Karabatic, Accambray, Bosquet, Karaboué, B.Gille, Omeyer, Sorhaindo, Dinart, Guigou, Abalo, Joly, Roiné, Fernandez, Junillon

À droite. Les Françaises ramènent une 4e médaille d'un championnat du monde, l'argent, en 2011. Gnabouyou, Ayglon, Dancette, Goudjo, Lacrabère, Limal, Dembélé, Pineau, Mendy, Spincer, Darleux, Bruneau, Kanto, Signaté, Tervel, Deroin, Baudoin, Leynaud

À savoir

Le Paris-Saint-Germain, l'équipe la plus chère du monde.

Montpellier remporte la Ligue des champions en 2003.

La salle du Phare à Chambéry, une ambiance incroyable !

EN FRANCE
Les grandes équipes masculines

14 équipes participent au championnat de France de 1re division, le deuxième plus grand championnat au monde derrière la Bundesliga allemande.

Avec 14 victoires, Montpellier détient le record du plus grand nombre de titres nationaux.

Depuis 2012, à l'image du football, Paris-Saint-Germain (PSG) a construit une équipe très forte pour dominer le championnat de France et la Ligue des champions de handball. Avec l'argent des investisseurs qatariens, le club parisien a recruté de très grands joueurs évoluant en équipe de France, ou étrangers.

Jamais une équipe française n'aura coûté aussi cher. Les frères Karabatic, Omeyer, Abalo, Hansen, Gensheimer... en sont les principales stars.

Pourtant à ce jour, Montpellier est la seule équipe française à avoir gagner la Ligue des champions, en 2003.

l'OM-Vitrolles restera la 1re équipe française vainqueur d'une coupe d'Europe (la Coupe des vainqueurs de coupes en 1993). Associée à l'Olympique de Marseille (OM), célèbre club de foot, cette équipe disparut en 1996 en raison de problèmes financiers.

Nantes, Dunkerque, Saint-Raphaël, Chambéry, Créteil représentent régulièrement la France dans les 2 coupes d'Europe (Ligue des champions et coupe de l'EHF). Ils sont aussi les adversaires les plus redoutables du PSG et de Montpellier.

L'Île-de-France est traditionnellement, la région représentée par le plus d'équipes au plus haut niveau.

Parmi lesquelles, l'US Ivry, la plus titrée, présente au haut niveau depuis plus de 60 ans.

Dans les années 1980, c'est Gagny, petite ville de Seine-Saint-Denis, qui dominait notre championnat. Tous les joueurs de l'équipe de France y évoluaient.

Depuis 2016, la Ligue professionnelle nationale de handball (LNH) gère, en plus de la D1 (nouvellement appelée la « Lidl Starligue »), la Proligue de 2e division, regroupant 14 équipes. Preuve du développement économique des clubs masculins français.

Metz, le club le plus titré du hand féminin français.

Les grandes équipes féminines

Le championnat de France féminin est dominé par Metz depuis une vingtaine d'années. Ce club s'est adjugé son 20e titre en 2016, record absolu !

Quelques villes ont pu rivalisé avec Metz sur des périodes courtes, telles, Besançon, Brest, Toulon, Fleury-les-Aubrais, Issy-Paris ou encore Dijon...

Besançon est le seul club français à avoir gagné une coupe d'Europe majeure, la coupe des vainqueurs de coupes en 2003.

Toutefois, Nîmes et Mios à deux reprises chacun, puis Le Havre une fois, ont gagné la petite coupe Européenne, La challenge cup.

Ces villes constituent des places fortes du hand féminin français même si, par manque de moyens financiers, certaines doivent épisodiquement, déclarer forfait afin de se reconstruire dans les divisions inférieures.

Le championnat de 1re division est constitué de 10 équipes dont le niveau reste inférieur à de nombreux clubs européens.

Fleury, nouvelle place forte du handball féminin.

DANS LE RESTE DE L'EUROPE

Les grandes équipes et les joueurs stars

Ils brillent chaque année dans la plus grande compétition de clubs au monde, la Ligue des champions. Une trentaine de clubs, principalement les champions de leur pays, s'affrontent dans des poules, puis en élimination directe avant de conclure la saison devant plus de 20 000 spectateurs. Elles ne sont alors plus que 4 pour disputer le Final Four. Celui de 2016 s'est déroulé à Cologne les 28 et 29 mai. Le vainqueur est sacré champion d'Europe !

Les équipes allemandes et espagnoles ont dominé la compétition depuis les années 1990. Kiel, Hambourg, ou Flensbourg pour l'Allemagne, Barcelone, Pampelune ou Ciudad Real pour l'Espagne.

Cependant, de plus en plus de champions d'autres pays accèdent au Final Four.

Kielce, vainqueur de la Ligue des champions 2016.

Kielce (Pologne), vainqueur en 2016 s'ajoute aux prestigieux Vezsprém (Hongrie), Zagreb (Croatie), Celje (Slovénie), Tchekhov (Russie), Skopje (Rép. de Macédoine), Kolding (Danemark) qui jouent tous, régulièrement, un rôle majeur.

Tous les ans, la Fédération internationale (IHF) désigne le meilleur joueur du monde. Les Français sont les plus représentés dans le palmarès. À leurs côtés on retrouve :

- des gardiens de but terrifiants, Fritz (Allemand), Szmal (Polonais) et Sterbik (Serbe naturalisé espagnol).
- Des stratèges, les demis centre, Dujshebaev (Russe naturalisé espagnol), Balić et Duvnjac (Croatie), Wislander (Suède).
- Des grands buteurs, les arrières Jícha (Rép. tchèque), Hansen (Danemark), Yoon Kyung-shin (Corée du Sud)

FC Barcelone (section hand),
l'équipe la plus titrée de l'histoire du handball.

Duvnjak.

Szmal.

Neagu.

Les grandes équipes féminines et les joueuses vedettes

Le handball féminin attire le grand public dans de nombreux pays, même s'il ne bénéficie pas de moyens économiques aussi importants que son homologue masculin.

Depuis une vingtaine d'années, les clubs danois, russes, roumains, hongrois, autrichiens, norvégiens, espagnols ou encore les champions des pays de l'ex-Yougoslavie se sont succédé au palmarès de la Ligue des champions. La concurrence est rude. Les meilleures joueuses du monde, venant de tous les continents, y brillent.

Les plus talentueuses sont récompensées, comme les garçons.

Les charismatiques Neagu (Roumanie) Hammerseng (Norvège), Görbicz (Hongrie), Andersen (Danemark) côtoient les combatives Løke (Norvège), Fridrikas (Lituanienne naturalisée autrichienne), Amorim (Brésil) où les percutantes Chao Zhai (Chine), Riegelhuth (Norvège), Krause (Allemagne).

Görbicz.

À chacun sa culture

Les Danoises puis les Norvégiennes ont successivement dominé toute une décennie en s'adjugeant tous les titres internationaux. Les Suédois ont gagné les titres européens et mondiaux dans les années 1990 et comptent 4 médailles d'argent olympiques, les Danois eux, ont gagné l'or à Rio en 2016.

La Croatie affiche 2 titres olympiques et 1 mondial chez les hommes. Les Monténégrines ont été championnes d'Europe.

Les Espagnols sont 2 fois champions du monde.

Les grands championnats réunissent tous les ans les meilleures nations de handball. Chaque pays y défend ses chances avec ses propres tactiques. Voici les différents styles de jeu rencontrés dans les grandes régions du monde. Finalement on joue au hand un peu comme on vit dans son pays...

Le Grand Nord

Suédois, Danois, Norvégiens et Islandais appliquent sur le terrain, les valeurs de leur société. Très respectueux de l'organisation, chacun s'investit énormément avec ses qualités, partage les responsabilités pour apporter à l'équipe. Les joueurs développent un jeu précis et rapide.

L'ex-Yougoslavie

La Croatie, la Serbie, le Monténégro ou encore la Slovénie s'appuient sur le savoir-faire de la Yougoslavie (dominatrice dans les années 1980), à laquelle ils appartenaient encore au début de l'année 1992. Le talent individuel est privilégié. L'ex-Yougoslavie forme des joueurs très spectaculaires avec une grande maîtrise technique, capables de tous les exploits.

L'Europe occidentale

Trois grands pays imposent chacun leur jeu au plus haut niveau :

- La France, s'appuie sur des duels offensifs et défensifs, dans des registres multiples, grâce aux diverses origines de ses joueurs.
- L'Espagne privilégie la tactique et demande beaucoup de mobilité à ses joueurs très techniques et rapides.
- L'Allemagne, pays créateur du handball, collectionne les titres, mais ne domine pas pour autant la discipline. Revenue d'une crise sportive, elle remonte en 2016 sur les podiums, 9 ans après son dernier titre de championne du monde. Toujours basé sur le physique et la vélocité, le jeu allemand mue progressivement, bonifié tactiquement par de nombreux entraîneurs nordiques.

Les filles et garçons russes ont tout gagné depuis la création du hand. La Roumanie et la Pologne affichent aussi un beau palmarès.

Les Coréennes resteront les premières « non européennes » à triompher sur une compétition internationale (JO 1988). 2 fois championnes olympiques et 1 fois championnes du monde.

La Russie et l'Europe de l'Est

Dans ces pays (Russie, Ukraine, Pologne, Roumanie) qui ont vécu longtemps sous des régimes autoritaires, la rigueur dans le jeu est toujours exigée. Très autoritaire, le coach utilise ses joueurs simplement et efficacement. Les qualités physiques de chacun sont mises au service d'une tâche correspondante. Il faut alors exécuter à la lettre son travail.

L'Asie

La Corée du Sud (meilleure nation du continent), le Japon ou la Chine jouent très vite. Ça virevolte devant les défenses, ça feinte. Pour compenser un physique moins imposant les Asiatiques s'entraînent avec beaucoup de rigueur et répètent énormément les gestes, pour les réciter très vite en match.

L'Afrique

La Tunisie, l'Angola (chez les filles), l'Égypte (chez les garçons) n'ont certes pas beaucoup de rigueur dans leur jeu. Mais leurs joueurs présentent des qualités physiques exceptionnelles très bien exploitées. Puissance et inspiration symbolisent le jeu africain. Son originalité perturbe régulièrement les grandes nations.

Les pays lointains

Le Brésil, l'Argentine et le Qatar siègent désormais dans la cour des grands. Développé par des coachs européens, leur jeu ressemble à celui de l'Espagne, de la France ou de l'ex-Yougoslavie.

Les Angolaises, capables de tous les exploits individuels.

Les Monténégrines, championnes d'Europe 2012.

Les Brésiliennes et les Qataris ont atteint une finale mondiale.